성령은

소박하지만 편리한 가이드

The Handy Little Guide to the Holy Spirit
Michelle Jones Schroeder

Copyright © 2019 by Michelle Jones Schroeder. Published by Our Sunday Visitor Publishing Division, OSV, Inc. All rights reserved.
Korean translation copyright © 2024 by ST PAULS, Seoul, Korea

성령은
소박하지만 편리한 가이드

발행일 2024. 12. 18

글쓴이 미셸 존스 슈뢰더
옮긴이 서영필
펴낸이 서영주

펴낸곳 성바오로
출판등록 7-93호 1992. 10. 6
주소 서울특별시 강북구 오현로7길 20(미아동)

취급처 성바오로보급소　　**전화** 944-8300, 986-1361
팩스 986-1365　　**통신판매** 945-2972
E-mail bookclub@paolo.net
인터넷 서점 www.paolo.kr

책값은 뒤표지에 있습니다.
ISBN 978-89-8015-957-4
교회인가 서울대교구 2024. 10. 10　　SSP 1100

성경 ⓒ 한국천주교중앙협의회, 2024.

•이 책은 저작권법의 보호를 받으므로 무단전재와 무단복제를 금합니다.
　이 책 내용의 전부 또는 일부를 재사용하려면 반드시 저작권자와 성바오로출판사의 동의를 얻어야 합니다.

소박하지만 편리한 가이드

성령은

미셸 존스 슈뢰더 글
서영필 옮김

성령을 맞이하십시오

"성부와 성자와 성령의 이름으로. 아멘."

이 말을 몇 번이나 했는지 감히 짐작조차 할 수 없습니다. 가톨릭 신자로서 신앙 교육의 핵심은 세 분의 거룩하신 위격으로 계신 한 분 하느님, 즉 거룩한 삼위일체를 배웁니다. 우리는 삼위일체를 부르는 성호경을 거의 모든 기도의 시작과 끝으로 삼도록 배웠습니다. 어렸을 때부터 우리는 대부분 아버지 하느님과 아드님 하느님에 대한 이미지를 가지고 있습니다. 우리는 창조를 아버지 하느님께 돌리고, 그분이 유다인들을 이집트에서 약속의 땅으로 인도하신 구약성경의 이야기를 기억합니다. 우리는 또한 공생활 시기 동안 예수님이 하신 말씀에서 아버지 하느님에 대해 배웁니다. 복음서에서 예수님은 아버지를 포도나무를 키우는 농부로 묘사하고, 당신 자녀에게 어떻게 좋은 것을 베푸는지 말씀하십니다.

성자 하느님은 사람이 되셨기에 우리는 그분을 가장 잘 안다고 생각합니다. 우리는 성경에서, 비유들에서, 사명에서, 더 나아가 부활 이후에 일어난 사건들에서 예수님을 만나며, 이 모든 것이 오늘날 우리가 실천하는 가톨릭 신앙의 기초가 됩니다. 그리고 우리는 교회의 성사, 특히 예수님이 몸과 피와 인성과 신성으로 온전히 현존하시는 성체성사를 통해 예수님을 계속 만나고 있습니다.

하지만 성령은 어떨까요? 눈을 감고 성령을 상

상하면 무엇이 떠오르나요? 불이나 비둘기를 떠올릴 수 있지만, 이는 상징일 뿐 우리와 대화를 나누는 모습으로 상상할 수 있는 분은 아닙니다. 견진성사가 성령에 관한 것임에도 우리는 대부분 성령을 이해하고 성령과 연결되어 있다고 느끼기 위해 애를 쓰고 있습니다. 이처럼 우리 중 대부분이 성령을 이해하고 연결하는 데 어려움을 겪습니다. 아마 오랫동안 성령Holy Spirit을 성신Holy Ghost이라고 불렀던 것도 아무런 도움이 되지 않았을 것입니다. 유령Ghost은 아무리 거룩한 존재라고 해도 따뜻하고 포근한 느낌으로 다가오지는 않습니다.

그러나 성령은 전지전능하신 하느님이시며 우리와 함께 바로 여기 이 자리에 계신 하느님이십니다. 우리가 하느님의 은총을 충만히 누리며 살려면 성령과의 관계가 매우 중요합니다. 하느님과의 관계는 사랑에 기초하므로 우리는 그분의 모든 것을 사랑해야 합니다. 누군가를 알지 못하면 사랑할 수 없듯이, 성령과 친밀해지고 그분과의 관계가 우리에게 어떤 의미가 있는지 찾아야 할 때입니다.

* 본문의 주석은 모두 옮긴이 주입니다.

차례

성령을 맞이하십시오　**6**

세 번째는 누구인가요?　**12**

다른 이름으로는　**20**

만나서 인사하기　**26**

조사 보고서　**32**

소통하기　**50**

성령 칠은　**56**

그리고 과일 바구니!　**68**

충분히 쉬운　**76**

오소서, 성령이여!　**82**

세 번째는
누구인가요?

성령은 누구이고 우리 일상과는 어떤 관련이 있을까요? 우선 삼위일체의 한 위격으로서 성령을 묵상하고 성부와 성자와의 관계를 고려해야 합니다. 다음의 비유는 매우 제한적이며, 문자 그대로 받아들이면 오해의 소지가 있으므로 불완전하다는 점을 인식해야 하지만, 성령이 우리 삶에서 어떻게 활동하시는지 이해하는 데 도움이 됩니다.

삼위일체의 세 위격이 우리와 모든 피조물과

어떻게 관계를 맺는지에 대해 이야기할 때 우리는 세 명의 동등한 파트너가 이끄는 회사를 상상할 수 있습니다. 성부 하느님을 전략 기획 책임자라고 생각해 봅니다. 그분은 목표와 장기 계획을 세우십니다. 성자 하느님은 관리 책임자와 같아서 목표를 받아들이고 그 목표를 달성하기 위한 지침을 만듭니다. 성자 하느님은 성부 하느님이 설정한 목표를 달성하기 위해 우리에게 필요한 겸손, 충실함, 이타심 등을 구체적으로 가르쳐 주십니다. 성령 하느님은 운영 책임자와 같아서 우리의 일상적인 활동에 관여하고 이러한 지침을 실행할 때 구체적인 조언과 지원, 방향을 제시하십니다. 이 세 가지 직책은 회사에서 모두 중요하며, 우리의 영적인 삶에서는 더욱 중요합니다. 구체적인 계획 없이 목표만 있을 수 없고, 구체적인 계획이 있어도 그것을 실행하는 직원을 도와줄 사람이 없으면 안 됩니다. 하느님의 목표는 우리 각자가 죽을 때 천국으로 이끌 수 있는 삶을 사는 것입니다. 예수님은 우리가 아버지의 목표를 달성하기 위해 어떻게 살아야 하는지 가르쳐 주셨습니다. 성령은 우리가 예수님이 명령하신 이상에 따라 살려고 노력할 때 우리의 생각과 행동을 인도하는 데 도움을 주십니다.

이제 더 나아가기 전에 몇 가지 중요한 조건들을 강조하고 싶습니다. 첫째, 저는 신학자가 아닙니다. 많은 신학자들이 이 신비의 작은 조각이라도 이해하려고 평생을 노력해 왔습니다. 실제적이고 깊이 있는 신학을 위해, 삼위일체를 이해하는 데 훌륭한 입문서가 될 「가톨릭 교회 교리서」 232-248항을 읽어 보시기를 적극 추천합니다. 삼위일체에 대해 좀 더 깊이 있게 공부하고 싶다면 아우구스티노의 『삼위일체론』De Trinitate을 읽어 보십시오.

둘째, 삼위일체는 우리 신앙의 궁극적인 신비

입니다. 우리는 결코 그것을 완전히 이해할 수 없으며, 아버지·아드님·성령의 개별적인 활동에 관해 이야기할 수 있고 실제로 그렇게 합니다. 그러나 실제로는 세 위격이 우리 삶과 창조 세계에서 활동할 때 항상 함께 일하십니다. 각 위격은 목표 설정에서 계획 수립, 실행에 이르기까지 우리 삶의 모든 측면에 밀접하게 관여하십니다. 그러나 우리는 또한 각 위격이 개별적인 방식으로 우리와 관계를 맺고 있으며, 각 위격이 우리와 관계를 맺고 싶어 한다는 것을 인식합니다. 따라서 우리는 이 페이지에서 하느님의 큰 신비 중 하나를 갑자기 풀어내지는 않겠지만, 성령께 친근하게 다가갈 수 있고 우리 삶에서 성령의 현존을 인식하기를 열망하는 데 도움이 되는 방식으로 성령에 대해 배우려 합니다.

성령에 관해 조금 아는 것도 좋지만, 그분과 의미 있는 관계를 맺는 것은 그분에 대해 아는 것 이상을 의미합니다. 하느님께서는 성령을 우리의 전능한 보호자로 보내 주셨으며, 성령은 우리 삶에서 그저 뒷전으로 밀려나는 존재가 되어서는 안 됩니다. 가장 놀라운 깨달음은 성령을 받아들이고 그분 안에 살고 그분이 우리 안에 살도록 허용함으로써 우리는 작은 방식으로 다른 사람들을 향한 하느님 사랑의 표현이 될 수 있다는 것입니다. 우리는 말과 행동으로 하느님의 영, 즉 성령을 드러낼 수 있습니다. 우리는 진리의 영에 대해 말하고 사람들에게 구원에 대해 가르칠 수 있습니다. 우리는 이웃들이 하느님을 만나도록 격려하고 도울 수 있습니다. 하지만 그 이야기는 나중에 하겠습니다. 무엇보다 먼저 성령에 대해 알아야 합니다. 다음 페이지에서는 성경에서 성령이 누구인지에 대한 더 깊은 이해를 찾고, 하느님이 우리에게 보내 주신 보호자를 어떻게 온전히 받아들여 우리의 일상생활을 살고 천국이라는 목표를 성취

할 수 있는지 알아볼 것입니다.

다른 이름으로는
———

성령은 성경 전체에서 몇 가지 다른 이름으로 불리며, 각 호칭은 성령이 누구이며 삼위일체 안에서 역할이 무엇인지 이해하는 데 도움이 되는 몇 가지 단서를 제공합니다.

하느님의 영

성령은 우리 내부와 주변에서 일하시는 하느님의 영입니다. 성령은 별도의 신이나 하느님이 만드신 피조물이 아닙니다. 성령은 예수님이 성자 하느님이신 것처럼 하느님이십니다. 이 호칭은 성령이 성부와 성자와 한 분이시며 동일하시고, 같은 본체와 본성이시며 하느님의 한 위격이라는 우리의 믿음을 확증합니다. 따라서 성령은 우리가 성부 하느님과 성자 하느님에 대해 갖는 것과 동일한 수준의 흠숭, 영광, 사랑을 받을 자격이 있습니다. 성령은 성부와 성자가 그러하듯이 우리와 관계 맺기를 원하시며, 우리의 구원에 대해서도 똑같은 관심을 갖고 계십니다.

진리의 영

이 호칭에서 우리는 하느님의 영이 우리에게 무엇이 진리이고 선인지를 전해 주신다는 것을 이해하게 됩니다. 이러한 진리 중 하나는 하느님이 살아 계시고 우리와 함께 계시며, 우리 각자를 개별적으로 사랑하신다는 것입니다. 우리가 그분을 따를 때, 그분은 영원한 기쁨으로 인도하실 것입니다. 진리의 영은 우리가 하느님의 말씀과 가르침의 의미를 최대한 이해할 수 있도록 마음을 열도록 이끄십니다. 성령은 우리에게 길, 진리, 생명을 보여 주심으로써 항상 우리를 구원으로 이끄십니다. 성령은 우리가 하느님의 뜻 안에서 살기를 바라시는 하느님의 메시지를 우리의 마음에 전달해 주십니다. 성령은 이미 우리 안에 계신 진리이시며, 우리의 감정과 생각을 통해 무엇이 선하고 거룩한지, 무엇이 그렇지 않은지를 확인시켜 주십니다.

보호자

우리를 보호해 준 사람을 떠올려 보십시오. 아마도 그들은 우리를 격려하고, 우리가 불가능하다고 생각했던 일을 성취하도록 도와주고, 또 다양한 방식으로 우리를 대신해 주었을 것입니다. 우리가 시작한 프로젝트를 계속 진행하도록 격려해 준 가족이나 직장에서 승진을 추천해 준 상사가 있을 수도 있습니다. 우리가 의식하든 의식하지 못하든 성령은 우리를 위해 이와 같은 활동을 하고 계십니다. 우리가 어떤 일에 대해 마음속으로 무언가를 느끼거나 예상치 못한 기회가 우리에게 다가올 때, 그것이 바로 보호자 성령의 활동입니다. 예를 들어, 저는 고등학생 때 피정을 다녀오고 한동안 피정을 간 적이 없습니다. 같은 본당 친구가 피정 팸플릿을 건네주며 자신도 갈 예정인데 저도 가고 싶을 것 같다고 말했습니다. 저는 팸플릿을 받고 고맙다고 인사는 했지만 '안 가'라고 생각했습니다. 그런데 팸플릿을 운전석 옆 좌석에 두고 집으로 돌아오는 길에 다시 생각하기 시작했습니다. 무언가가 저를 그곳으로 이끌었습니다. 저는 그 피정에 참석했고 제 인생이 바뀌었습니다. 그것이 바로 저와 제 친구 모두에게 활동하신 보호자 성령의 역할이었습니다.

파라클리토(parakletos, Παράκλητος)

    신약 성경에서 성령을 파라클리토라고도 부릅니다. 이 호칭은 성령이 우리의 조력자이자 상담가counselor라고 가르쳐 줍니다. 상담가는 우리가 무엇을 해야 할지 안내하는 사람입니다. 우리는 학교에서 어떤 대학이나 직업이 적합한지 평가하는 데 도움을 주는 진로 상담가나, 삶에서 직면하는 정서적 문제를 도와주는 상담가를 잘 알고 있습니다. 그들처럼 성령은 우리의 말을 들으시고 우리가 행동하는 데 필요한 도구를 제공합니다. 학교 상담가가 인성 검사나 장학금 신청서를 제공할 수 있듯이 성령은 우리가 하느님이 원하시는 방식으로 삶을 살도록 필요한 은총을 주십니다.

만나서 인사하기

우리의 새로운 친구인 성령에 대해 성경에서 무엇을 알 수 있을까요? 성령에 대해 가장 잘 설명하는 구절은 예수님께서 부활하신 뒤, 사도들을 당신 교회의 목자로 세우셨을 때입니다. 요한 복음에 이렇게 나옵니다. "예수님께서 다시 그들에게 이르셨다. '평화가 너희와 함께! 아버지께서 나를 보내신 것처럼 나도 너희를 보낸다.' 이렇게 이르시고 나서 그들에게 숨을 불어넣으며 말씀하셨다. '성령을 받아라.'"(20,21-22) 예수님은 말 그대로 사도들에게 성령을 불어넣으셨습니다. 얼마나 강력한 이미지인가요!

우리가 숨을 쉴 때 어떤 일이 일어나는지 생각해 보십시오. 우리는 산소를 받아들이고 일산화탄소를 배출합니다. 우리는 선한 것(산소)을 받아들이고, 그것은 혈액을 통해 우리 몸의 모든 조직을 살아 있게 합니다. 들어온 산소는 폐를 채우고 우리 몸에 해로운 일산화탄소를 배출합니다. 예수님은 숨을 통해 사도들에게 선하고 참되며 필요한 모든 것을 불어넣으셨습니다. 성령은 사도들에게 지혜와 의로움을 더해 주어 그들의 사명이 성공하도록 하셨으며, 초대 교회 시절에 그들의 사명을 위협하던 것들을 제거해 주셨습니다.

예수님께서 더 이상 함께하지 않겠다고 말씀하셨을 때 사도들이 어떤 기분이었을지 생각해 보십시오. 예수님께서 영원한 생명에 관해 가르치셨던 것을 이제 그들이 가르쳐야 한다고 생각했을 때, 분명히 두려웠을 것이라고 확신합니다. 그것은 결코 작은 일이 아닙니다. 인터넷이나 현대의 교통수단도 없이 전 세계에 메시지를 전해야 한다고 상상해 보십시오. 그러나 예수님은 그들을 안심시켰습니다. "너희가 나를 사랑하면 내 계명을 지킬 것이다. 그리고 내가 아버지께 청하면, 아버지께서는 다른 보호자를 너희에게 보내시어, 영원히 너희와 함께 있도록 하실 것이다. 그분은 진리의 영이시다. 세상은 그분을 보지도 못하고 알지도 못하기 때문에 그분을 받아들이지 못하지만, 너희는 그분을 알고 있다. 그분께서 너희와 함께 머무르시고 너희 안에 계시기 때문이다. 나는 너희를 고아로 버려두지 않고 너희에게 다시 오겠다."(요한 14,15-18)

예수님이 제자들에게 하신 약속은 그들만큼이나 우리에게도 중요합니다. 우리는 예수님이 말씀하실 때 군중 속에 있지 않았을 수도 있고, 예수님이 누군가를 만지고 치유하시는 것을 목격하지 못했을 수도 있습니다. 우리는 사도들이 예수님이 죽었다고 생각했을 때 예수님이 먹을 것을 청하는 소리를 들었던 방에 있지 않았을 수도 있고, 군중을 헤치고 예수님의 옷자락을 만지기 위해 나아갔던 곳에 있지 않았을 수도 있습니다. 그러나 우리는 버림받지 않았습니다. 주님은 사도들을 버려두지 않으시고 스스로 돌보게 하셨고, 우리도 버려두지 않으십니다.

조사 보고서

신약 성경에는 성령에 대한 정보가 많지 않지만, 그 안에 기록된 내용은 많은 것을 말해 줍니다. 여기서 우리는 성령의 활동과 역할 뿐만 아니라 성령이 우리 각자에게 어떤 분이신지, 그리고 우리가 실제로 하느님의 자녀로 살아가도록 어떻게 도와주시는지에 대해 이야기합니다.

루카 4,1-2 "예수님께서는 성령으로 가득 차 요르단 강에서 돌아오셨다. 그리고 성령에 이끌려 광야로 가시어. 사십 일 동안 악마에게 유혹을 받으셨다. 그동안 아무것도 잡수시지 않아 그 기간이 끝났을 때에 시장하셨다."

하느님의 영은 예수님을 광야로 인도하여 유혹에 들게 하셨지만, 그냥 버려두지 않으셨습니다. 성령은 우리가 삶에서 시련을 겪을 때 우리에게 힘을 주시는 것처럼, 예수님 안에서 아버지의 뜻을 이루기 위해 유혹 가운데서도 예수님과 함께 머무셨습니다. 그리고 성령은 비유나 상징적인 방식으로 예수님을 인도하지 않으셨다는 사실에 주목해야 합니다. 예수님은 특정한 목적을 위해 물리적인 장소인 사막으로 인도되었습니다. 우리는 예수님이 아기였을 때도 성령이 같은 일을 하시는 것을 보았습니다. 마리아와 요셉이 예수님을 데리고 성전에 갔을 때 성령은 시므온을 성전으로 인도하셨던 것을 기억하십니까?

성령은 말 그대로 우리가 있어야 할 곳으로 정확하게 인도해 주십니다. 성령은 오늘도 우리를 인도하고 계십니다. 미사에 초대하는 친구를 통해서, 또는 노숙자 쉼터에 필요한 봉사자 공지를 통해서일 수도 있습니다. 큰아이가 어릴 때 본당 엄마들 모임에 참석하게 된 것은 성령의 이끄심이었습니다. 그전에는 본당에서 아는 사람이 거의 없었고 어떤 본당 활동에도 참여하지 않았습니다. 성령의 이끄심에 귀를 기울인 덕분에 저는 놀라운 여성들을 만날 수 있었고, 그들 중 많은 여성과 여전히 친구로 지내며 적극적으로 활동하는 본당 공동체의 구성원이 되었습니다. 성령은 씨앗을 심는 분이시고 우리는 물을 주어야 합니다. 성령은 우리를 이끄시지만 우리를 안아 올려서 직접 데리고 들어가지는 않으십니다. 항상 그렇듯이, 우리는 구원을 위한 하느님의 계획에 기꺼이 참여해야 합니다.

로마 8,26-27 "이와 같이, 성령께서도 나약한 우리를 도와주십니다. 우리는 올바른 방식으로 기도할 줄 모르지만, 성령께서 몸소 말로 다할 수 없이 탄식하시며 우리를 대신하여 간구해 주십니다. 마음속까지 살펴보시는 분께서는 이러한 성령의 생각이 무엇인지 아십니다. 성령께서 하느님의 뜻에 따라 성도들을 위하여 간구하시기 때문입니다."

성령은 우리의 부족한 부분을 채워 주십니다! 복잡하고 어려운 상황 속에서 기도를 하려고 해도 하느님께 무엇을 청해야 할지 알 수 없었던 때가 있었습니까? 어쩌면 그것은 압도적인 개인적 상황이었을 수도 있고, 우리가 살고 있는 이 세상의 심각한 위기에 관해 기도하고 있었을 수도 있습니다. 저는 어떤 상황에서 하느님의 도우심을 간절히 원할 때가 있지만, 제가 실제로 그 상황의 해결책이 무엇인지도 모를 때가 있다는 것을 알고 있습니다. 그저 하느님께서 문제를 해결해 주셨으면 좋겠다는 생각뿐입니다. 우리는 모두 하느님께 진정으로 필요한 것을 표현할 능력도 없고 준비가 되어 있지 않을 때가 있으며, 나무만 보고 숲을 보지 못할 때가 있습니다. 바로 이런 순간에 성령께서는 아버지께 우리를 대신하여 중재해 주십니다. 하느님은 혼란스러운 우리 영혼이라는 백만 조각의 퍼즐을 정리하는 데 도움을 주는 우리 안에 계신 영을 보십니다. 하느님은 이미 우리 의도를 이해하시고 계획을 가지고 계시지만, 성령은 우리를 하느님과 하나로 묶어 주고 우리의 기도를 명확히 하여 우리가 하느님의 선하고 거룩한 목적을 신뢰하도록 하십니다.

1테살 1,5-6 "그것은 우리 복음이 말로만이 아니라 힘과 성령과 큰 확신으로 여러분에게 전해졌기 때문입니다. 우리가 여러분을 위하여 여러분 가운데에서 어떻게 처신하였는지 여러분은 알고 있습니다. 또한 여러분은 큰 환난 속에서도 성령께서 주시는 기쁨으로 말씀을 받아들여, 우리와 주님을 본받는 사람이 되었습니다."

성령은 복음을 단순한 이야기나 읽을거리 이상으로 우리 안에서 활동하게 하십니다. 복음은 단순한 말 그 이상이어야 합니다. 단순한 이야기만으로 사람들의 마음을 바꿀 수 있었다면 예수님은 수난과 십자가를 겪으실 필요가 없었을 것입니다. 바오로 사도가 테살로니카 사람들에게 본받는 것에 대해 이야기할 때도 행동에 대해 이야기했습니다. 그리고 그 행동은 성령의 능력을 통해 가능합니다. 성령은 우리 각자에게도 복음을 살아 있게 하십니다. 지역 사회에 화재나 기타 재난이 발생하면 성령은 우리가 희생자들을 돕기 위해 무언가를 하도록 우리를 움직이십니다. 복음은 우리에게 이웃을 사랑하라고 말하고, 성령은 우리가 도움이 필요한 이웃을 돕기 위해 참여함으로써 그 사랑을 드러내도록 도와줍니다. 홍수가 난 후 부모님 집을 청소하고 있을 때 사람들이 차로 피해 지역을 돌아다니며 트렁크에서 샌드위치와 음료수를 꺼내 나눠 주었습니다. 전기가 들어오지 않는 집에서 몇 시간 동안 일하고 나서 받은 로스트비프 샌드위치와 시원한 음료 형태의 복음 실천에 매우 감사했습니다. 나중에 살펴보겠지만, 성령은 우리가 말씀을 받아들일 준비가 되어 있다면 예수님의 말씀을 실천할 수 있도록 필요한 도구를 제공해 주십니다.

2베드 1,20-21 "무엇보다 먼저 이것을 알아야 합니다. 성경의 어떠한 예언도 임의로 해석해서는 안 됩니다. 예언은 결코 인간의 뜻에서 나온 것이 아니라, 사람들이 성령에 이끌려 하느님에게서 받아 전한 것입니다."

이 서간에서 베드로는 성경의 권위가 인간의 말이 아닌 하느님의 말씀임을 분명히 밝히면서, 더 나아가 성령은 우리 각자에게 하느님의 일을 수행할 수 있는 능력을 전달합니다. 이것은 엄청난 일입니다! 복음을 선포하러 나간 제자들은 하느님의 일을 하기 위해 성령의 인도와 지시를 받았습니다. 오늘날 우리는 하느님께서 세상과 사랑을 나누기 위해 창조하신 제자들입니다.

우리가 믿음을 전파할 기회가 있을 때 성령은 초기 복음 선포자들이 가졌던 것과 같은 권위를 우리에게 부여합니다. 고통받는 사람을 볼 때 성령은 그 사람에게 하느님의 사랑을 반영할 수 있는 필요한 것을 우리에게 주십니다. 우리는 진정으로 예수님이 승천하신 뒤에 파견된 제자들과 같은 사명을 받았으며, 성령은 우리 안에 머무시면서 제자들만큼 우리 또한 복음을 효과적으로 선포하도록 하십니다.

그리스도인이지만 가톨릭 신자가 아닌 사람과 대화를 나누던 중 그가 가톨릭에 대한 몇 가지 질문에 답해 줄 수 있는지 물었습니다. 잘 알고 있지 못한 질문을 할까 봐 당혹스러웠고 제 신앙에 대해 답변하지 못할까 봐 두려웠습니다. 저는 재빨리 '성령님, 도와주세요!'라고 속으로 외쳤고, 분명히 응답을 받았습니다. 저는 부족함 없고 의미 있는 대답을 할 수 있었기 때문입니다. 그 말들은 성령이 주신 것이 틀림없습니다. 말이 자연스럽게 흘러나왔고, 자신 있게 응답했습니다. 이야기가 반복되는 것처럼 들릴지 모르지만, 사실입니다. 우리는 성령이 주시는 은사와 함께 일하면 됩니다.

로마 5,5 "그리고 희망은 우리를 부끄럽게 하지 않습니다. 우리가 받은 성령을 통하여 하느님의 사랑이 우리 마음에 부어졌기 때문입니다."

성령은 하느님 사랑의 전달자이며, 항상 우리 안에 하느님의 사랑이 머물게 합니다. 우리가 그것을 인식하지 못하거나 느끼지 못할 때에도 그 사랑은 항상 존재합니다. 우리는 죄로 인해 하느님으로부터 멀어질 수 있지만, 하느님은 우리를 끊임없이 사랑하시며, 우리가 사랑을 받을 자격이 없을 때에도 성령을 보내시어 우리를 도울 준비가 되어 계십니다. 우리를 아버지와 화해시키려는 성령의 끝없는 노력은 궁극적으로 우리를 하느님 자녀로서의 정체성으로 되돌아가게 할 것입니다. 당면한 문제에 대한 해답을 스스로 알고 있다는 교만에 빠져서, 마음속에서 느껴지는 다른 방향으로의 작은 끌림을 외면하고 내 방식대로 문제를 해결하려던 때가 있습니다. 하지만 고집을 부리는 그 순간에도 성령은 인내심을 가지고 나의 응답을 기다리십니다. 우리가 친구의 문제에 조언을 할 때는 아무리 시간이 지나도 친구가 내 조언을 받아들이지 않는다면 포기하게 되고 '그래 이쯤 했으면 됐어, 혼자 알아서 잘하겠지!'라고 생각합니다. 하지만 하느님은 감사하게도 우리가 말을 듣지 않을 때에도 결코 포기하지 않으십니다. 성령은 우리가 마음을 여는 즉시 우리를 올바른 길로 이끌 준비가 되어 계십니다. 성령은 우리에게 구원에 대한 희망의 진정한 원천입니다.

> 요한 14,26 "보호자, 곧 아버지께서 내 이름으로 보내실 성령께서 너희에게 모든 것을 가르치시고 내가 너희에게 말한 모든 것을 기억하게 해 주실 것이다."

예수님은 사도들에게 당신이 떠난 후 일어날 일에 대해 설명해 주셨고, 하느님의 영이 단순한 동반자가 아니라 스승으로서 사도들과 함께하실 것을 확신시켜 주셨습니다. 예수님은 짧은 공생활 동안 사도들에게 엄청나게 많은 정보를 주셨습니다. 그들은 예수님이 직접 말씀하실 때조차 모든 것을 이해하지 못했습니다. 그럼에도 제자들은 예수님의 가르침을 온 세상에 선포해야 했습니다. 하지만 예수님은 걱정하지 않으셨습니다. 성령은 모든 점을 연결해 주실 것이며, 모든 메시지를 기억하게 하시고 예수님이 그들에게 보여 주신 모든 것을 이해하도록 도와주실 것을 알고 계셨기 때문입니다.

성령은 초기 그리스도인들에게 교회를 형성할 수 있는 능력을 주셨고, 그들이 하느님의 계획을 실행하고 목표를 잃지 않도록 도와주셨습니다. 그들이 목표에 동의하지 않거나 목표를 잃었을 때 성령은 그들을 다시 제자리로 돌아오게 하셨습니다. 오늘날에도 성령은 이렇게 일하십니다. 우리는 하느님의 영 덕분에 미사에서 독서를 이해하며, 우리가 접하는 가톨릭 웹사이트에서 하느님의 의도대로 공감합니다. 우리가 아침에 무엇을 먹었는지 기억하지 못할 때에도 성령은 어린 시절에 배운 기도를 기억하게 해 줍니다. 성령은 우리에게 하느님이 누구신지 끊임없이 설명해 주시고 상기시켜 주십니다.

> 갈라 4,6 "진정 여러분이 자녀이기 때문에 하느님께서 당신 아드님의 영을 우리 마음 안에 보내 주셨습니다. 그 영께서 '아빠! 아버지!' 하고 외치고 계십니다."

이 짧은 구절 하나에 많은 의미가 담겨 있습니다. 첫째, 우리는 이미 성령이 하느님의 영이라는 것을 알고 있기 때문에 이 구절은 삼위일체의 신비를 선포합니다. 자, 이제 집중해서 잘 들어 봅니다. 성령이 하느님의 영이고, 하느님이 아들의 영을 보내셨다면 우리는 그분들을 진정으로 한 하느님으로 계신 세 위격이라고 추론할 수 있습니다. 이 구절은 또한 하느님 나라에서 상속자로서의 우리의 지위를 확립합니다. 하느님은 그냥 '아버지'가 아니라, 우리 아버지이십니다. 이는 완전히 인격적인 관계입니다. 우리가 정말로 알 수 없고 우리를 실제로 알지 못하는 하늘에 있는 신비한 존재와의 관계가 아닙니다. 나를 한 인격으로 창조하시고 알고 계시며, 내가 항상 그분의 사랑을 상기할 수 있도록 내 안에 자신의 일부를 남겨 두신 하느님과의 관계입니다. 이는 우리와 세상 모든 사람에게도 마찬가지입니다. 이 사실을 마음에 새기십시오. 하느님은 우리를 창조하신 후 버려두지 않으셨습니다. 하느님은 우리가 항상 당신을 사랑하고 궁극적으로 다시 당신과 완전히 하나가 되기를 바라는 마음으로 우리를 창조하셨습니다. 우리의 마음은 하느님과 하나가 되기를 갈망하기 때문에 하느님을 향해 부르짖습니다. 우리가 깨닫든 그렇지 못하든 우리의 마음은 항상 하느님을 갈망하며, 우리 안에 있는 하느님의 영은 그 갈망의

통로입니다.

> 1요한 4,12-13 "지금까지 하느님을 본 사람은 없습니다. 그러나 우리가 서로 사랑하면, 하느님께서 우리 안에 머무르시고 그분 사랑이 우리에게서 완성됩니다. 하느님께서는 우리에게 당신의 영을 나누어 주셨습니다. 우리는 이 사실로 우리가 그분 안에 머무르고 그분께서 우리 안에 머무르신다는 것을 압니다."

하느님은 사랑이시며, 우리가 다른 사람들과 나누는 사랑은 성령이 우리 안에 계시기 때문에 가능합니다. 성령은 우리를 향한 하느님의 사랑을 우리 마음에 전달하여 우리가 그 사랑을 상자에 담아 가두는 것이 아니라, 다른 사람들에게 그 사랑을, 그리고 하느님을 전할 수 있도록 합니다. 하느님을 세상에 전할 책임은 교황, 주교, 사제에게만 있는 것이 아닙니다. 우리는 모두 예수님을 본

받아 그분의 사랑을 경험하지 못한 사람들에게 그분의 사랑을 전하라는 사명을 받았습니다.

하느님의 사랑은 완전하며, 우리가 그분의 영이 우리 안에 차고 넘치도록 자신을 허용하면 그 완벽한 사랑은 다른 사람에게도 흘러넘칩니다. 우리가 세상에서 가장 소중히 여기는 사람들에게 갖는 사랑은 종종 불완전하지만, 성령의 이끄심을 허용하면 이야기는 달라집니다. 예를 들어, 저는 남편과 아이들에게 다음과 같이 말할 수 있습니다. "어서 마저 다 먹어. 나는 다른 먹을 거 있나 찾아볼게." 또는 "그래, 지금 여기서 트럼펫 연습하렴. 내가 보던 드라마는 나중에 봐도 돼." 성령이 없다면 이런 말들은 비꼬는 말이 될 것입니다. 그들을 사랑하지만 내 것을 포기해야 한다는 이기적인 생각이 들 테니까요. 하지만 성령이 함께 하시면 이러한 말은 진정으로 다른 사람의 필요와 욕구를 우리 자신의 것보다 우선시하는 이타적인 하느님 사랑의 표현이 됩니다.

소통하기

우리는 성령이 어떤 분이고 어떤 일을 하시는지 좀 더 알게 되었습니다. 그러면 이제 우리 삶에서 어떻게 성령과의 관계를 발전시킬 수 있을까요? 모든 관계가 그렇듯이 단순하게, 소통으로 시작해야 합니다. 우리가 우정을 맺을 때도 상대방과 어울리거나 전화 통화를 하거나 커피 한 잔을 마시며 시간을 함께 보내지 않는다면 그 우정을 유지할 수 없습니다. 결혼 생활도 집안일이나 해야 할 일에 관해서만 대화를 나눈다면 원활하지 않을 수 있습니다. 우리는 정직하고 개인적인 소통에 충실함으로써 인간관계를 발전시켜야 합니다. 성령과의 관계도 같은 노력이 필요합니다.

우리는 성부와 성자 하느님께 이야기하는 것과 같은 방식으로 정기적으로 성령과 대화하기를 시작해야 합니다. 좋은 일이 생기면 우리는 먼저 "하느님 감사합니다!"라고 기도하고, 끔찍한 일이 생기면 예수님께 도움을 청합니다. 이처럼 우리는 일상 대화에 성령을 포함하기 시작해야 합니다. 성령 하느님은 삶의 진흙탕 속에서 우리와 함께하시고 우리가 삶의 일상적인 과제를 헤쳐 나가도록 도와주십니다.

간단해 보이지만, 사실 우리는 성령과 대화를 시작하기 위한 단계를 밟아야 합니다. 십 대 자녀와 어려운 주제의 이야기를 나눠야 할 때 성령께 말씀을 주시도록 청합니다. 이메일을 보내기 전에 성령께 한 번 더 읽어야 할지를 알려 달라고 기도

합니다. 매일 특별히 성령께 기도하기부터 시작해서 일상생활에서 성령을 찾는 습관을 기르는 것이 좋습니다. 인터넷에서 '성령께 드리는 가톨릭 기도'를 검색하는 것만큼이나 간단합니다. 스마트폰이나 컴퓨터에서 다양한 방법을 찾을 수 있습니다. 공식 기도나 인사, "도와주세요!" 등 무엇이든 상관없습니다. 그냥 소통을 시작합니다.

물론 성령께 드리는 기도는 전체 과정의 일부일 뿐입니다. 다른 건강한 관계와 마찬가지로, 한 사람만 모든 말을 하고 아무도 듣지 않는 것은 불가능합니다. 성령의 이끄심을 따르기 위해서는 고요하고 열린 마음이 필요합니다. 하늘에서 하느님의 음성이 들려와 정확히 무엇을 해야 할지 알려 주실까요? 아마도 아닐 것입니다. 하지만 조용히 있으면 마음의 귀로 부드러운 자극, 반복되는 생각과 같은 무엇인가를 들을 수 있습니다. 어떤 결정을 내려야 할 때 성경 구절이 눈에 들어오거나 고민하고 있는 문제와 일치하는 글을 읽은 적이 있습니까? 그것이 바로 성령의 활동입니다.

갑자기 떠오른 생각인데, 왜 그 이미지가 떠올랐는지 궁금한 적이 있습니까? 종종 그것은 갑자기 떠오른 생각이 아니라 성령께서 우리를 인도하신 것입니다. 저는 많이 아픈 아이를 위해 기적을 청하는 묵주 기도에 참여하고 있었습니다. 갑자기 우리 본당을 방문 중인 신부님을 초대하고 싶다는 생각이 들었습니다. 신부님은 흔쾌히 초대를 수락하셨습니다. 아픈 아이의 친척에게 신부님이 우리와 함께 기도할 것이라고 문자를 보냈을 때, 그녀의 반응은 저를 놀라게 했습니다. 그녀는 그날 아침 미사에서 그 신부님이 우리와 함께 기도해 주시기를 기도했었기 때문에 제 문자를 받고 소름이 돋았다고 말했습니다. 이제 누구도 이것이 단순한 우연이라고 말할 수 없습니다.

주의를 기울여 보십시오. 성령과 소통을 하면

할수록 성령께서 우리와 소통하시는 것을 더 많이 느낄 수 있을 것입니다. 그 작동 방식은 정말 놀랍습니다. 우리의 기도는 성령이 우리 안에 계심을 인식하게 하여 이전과는 전혀 다른 방식으로 그분의 음성을 듣게 합니다. 성령은 항상 그 자리에 계셨습니다. 단지 우리가 그 사실을 받아들이지 않았을 뿐입니다. 하지만 기도하고, 대화하고, 나누고, 무엇보다도 경청을 통해서 우리는 삶에서 성령의 활동을 점점 더 많이 알아차리게 될 것입니다.

성령 칠은

성령과의 관계가 발전하면 이 특별한 조언자이자 보호자이신 성령의 혜택이 시작됩니다. 우리 안에 계신 하느님의 영에 대한 인식을 높이면 우리는 실제적인 은사를 받게 됩니다. 구약 성경에서 이사야 예언자는 메시아가 오실 것을 예언하며 그가 가진 영적 은사에 대해 설명했습니다. 우리도 견진성사 때 받은 성령을 통해 이러한 은사를 받습니다. 「가톨릭 교회 교리서」에서는 "성령의 선물은 그것을 받는 사람들의 덕을 보충하고 완전하게 한다."(1831항)라고 명시합니다. 성령의 은사를 받을 준비가 되셨습니까?

지혜(슬기, sapientia)

지혜의 은사는 모든 것에서 하느님을 찾고 세상적인 욕망보다 하늘나라에 대한 갈망을 우선시하는 영적 은사입니다. 진정으로 먼저 하느님 나라를 구하고 우리가 경험하는 세속적 스트레스를 내려놓는다면 얼마나 멋진 일입니까? 하느님의 걱정하지 말라는 말씀에도 우리는 얼마나 많은 시간과 에너지를 들여 걱정하고 있습니까? 분명 세상에는 스트레스 요인이 가득하고 걱정거리가 많습니다. 하지만 지혜는 이러한 것들이 모두 지나가는 것임을 일깨웁니다. 그 순간 아무리 중요해 보이는 것도 말입니다. 우리가 진정으로 하늘나라에서 받을 상을 바라볼 때 지혜는 사물을 객관적으로 보도록 도와주고 세속적인 삶의 영역에서도 하느님을 찾도록 깨닫게 합니다. 예를 들어, 천국에는 돈을 가져갈 수 없다는 사실을 깨닫고 나면 일과 삶의 균형을 더 잘 맞추거나 도움이 필요한 사람들에게 더 관대하게 베풀 수 있습니다.

통찰(깨달음, intellectus)

통찰의 은사는 우리의 귀와 마음을 열어 하느님의 말씀과 가톨릭 신앙을 이해할 수 있도록 도와줍니다. 우리 가운데 누가 하느님께서 우리에게 진정으로 무엇을 원하시는지 보다 의미 있게 이해하고 싶지 않겠습니까? 저는 매일 성경을 읽다가 갑자기 어떤 구절이 달리 보이거나 그날의 독서 말씀이 실생활에 딱 맞아떨어질 때의 "아하!" 하는 순간을 좋아합니다. 통찰은 하느님의 말씀이 살아 있고 현재 상황에서 우리에게 말씀하고 있음을 일깨워 줍니다. 통찰의 은사는 우리가 성경을 읽는 데서 그치지 않고 말씀대로 살아갈 기회를 제공합니다. 우리는 매일 조금씩 시간을 내어 성경을 읽거나 가톨릭 신앙에 관한 강연을 듣거나 알려고 노력함으로써 통찰의 은사를 사용할 수 있습니다.

지식(앎, scientia)

우리는 지식의 은사를 통해 하느님의 눈으로 세상을 바라볼 수 있으며 우리와 다른 모든 사람이 하느님의 모상으로 만들어졌음을 이해합니다. 지식의 은사가 있으면 직장 동료를 갈등의 원인이 아니라 하느님의 자녀로 볼 수 있고, 우리 반의 까다로운 아이를 하느님이 우리에게 양육하라고 맡기신 선물로 볼 수 있습니다. 지식의 은사를 통해 우리가 만나는 모든 사람을 하느님의 자녀로 볼 때 연민과 공감은 우리 안에서 자동으로 성장합니다. 어쩌면 지식은 우리가 원하지 않는 은사일 수도 있습니다. 지식의 은사는 우리가 만나는 사람들을 다르게 생각하도록 강요하며, 심지어 옆집의 성가시고 심술궂은 사람도 예수님이 사랑하라고 부르시는 '이웃'으로 여기게 하기 때문입니다.

의견(깨우침, consilium)

의견의 은사를 받으면 우리는 우리 자신과 다른 사람들을 진리의 길로 이끌 수 있습니다. 우리가 의식하지 못할 때에도 본보기가 되어 이끕니다. 의견의 은사는 우리가 하느님을 투영하여 다른 사람들을 하느님께로 이끄는 데 도움이 됩니다. 우리는 말(사람들에게 우리의 신앙을 이야기함으로써)로나 행동(사람들을 대함으로써)으로 그리스도인의 신앙을 증명합니다. 우리가 청하면 성령은 항상 다른 사람들을 주님께로 인도하는 데 필요한 말이나 도움을 주십니다. 어쩌면 우리는 복음을 전하는 것이 어색하면서도 누군가를 미사에 초대할 수 있습니다. 의견의 은사는 적절한 시기와 방법을 알도록 도와줍니다. 또한 의견의 은사는 우리가 결혼 생활이나 인간관계에서 어려움을 겪고 있는 친구와 대화할 때도 분명하게 드러나는데, 그들을 연민하면서도 올바른 영적 방향으로 이끌도록 도와주기 때문입니다.

용기(굳셈, fortitudo)

오늘날 우리가 사는 세상에서는 하느님의 메시지를 살기 위해 용기가 절실히 필요합니다. 많은 사람들 사이에서 신앙의 여러 가르침은 전혀 인기가 없습니다. 하지만 가톨릭 신자로서 우리는 우리가 믿는 바를 믿고, 어떤 반응에도 굳건히 서야 합니다. 사회적 압력에 굴복하기는 쉽지만, 성령께서는 그러한 상황에 필요한 용기의 은사를 우리에게 주십니다. 회사 탕비실에서 남을 험담하는 자리를 피하거나 심각한 대죄로 이어질 만한 활동에 가담하지 않는 등 용기의 은사를 활용할 예가 많습니다. 때로는 죄를 피하려는 의식적인 노력 때문에 소외감을 느끼거나 심지어 조롱의 대상이 될 수도 있습니다. 이럴 때 용기의 은사가 진정으로 힘을 발휘하여 이러한 상황을 극복할 힘을 줍니다. 홀로 금요일에 금육을 지키는 일이나 주일 아침 미사 때문에 토요일 밤 서둘러 귀가하는 일은 항상 쉬운 일이 아닙니다. 그러나 용기는 쉽지 않은 상황에서도 옳은 일을 할 수 있도록 도와줍니다.

공경(받듦, pietas)

성령은 우리가 주님을 경외하고 믿음을 가장 소중히 여기게 도와줍니다. 공경은 이상한 은사처럼 보일 수 있습니다. 성령의 은사를 받고자 하는 실천하는 가톨릭 신자라면 이미 공경심을 가지고 있지 않나요? 글쎄요, 그렇기도 하고 아니기도 합니다. 우리는 마음속에 하느님께 엄청난 공경심을 가지고 있을지 모르지만, 그 공경심을 세상 사람들이 볼 수 있도록 드러내고 있을까요? 우리에게 공경의 은사가 필요한 상황들은 멀리 있지 않습니다. 우선 미사부터 살펴보겠습니다. 우리는 하느님의 집에 들어간다고 의식하며 성당에 들어가야 한다는 것을 알고 있습니다. 우리는 성당에 들어가서 조심스럽게 제대와 감실이 있는 방향으로 무릎을 꿇거나 절을 하고 성호를 긋습니다. 그런 다음 우리는 적극적으로 경청하며 미사에 참여해야 합니다. 성체를 받아 모시기 위해서는 한 시간 동안 금식을 하는 공복재를 지키고 대죄가 없는 은총의 상태인지 확인해야 합니다. 마지막으로 미사가 끝날 때까지 머물러야 하며, 성당을 떠날 때 다시 무릎을 꿇거나 절을 하고 성호를 그어야 합니다. 여러분은 어떨지 모르겠지만 저는 이 가운데 몇 가지를 지키지 못한 적이 분명히 있습니다. 미사 시간에 빠듯하게 헐레벌떡 성당에 들어가 절은 하는 둥 마는 둥 했던 때도 있습니다. 독서 말씀에 집중하지 못하고 브런치 약속 시간에 맞춰 서둘러 성당을 나온 때도 있습니다. 우리는 때때로 공경심을 표현하는 데 실수할 수 있지만, 성령께 공경의 은사를 달라고 간구하면 우리의 외적 행동이 하느님을 향한 내면의 사랑을 더 잘 반영할 수 있을 것입니다.

경외(두려워함, timor)

글쎄요, 이 은사가 그렇게 대단한 선물 같지는 않지요? 명칭에 약간 오해의 소지가 있습니다. 성령은 우리가 하느님을 무서워하게 하는 것이 아니라, 하느님을 너무 사랑해서 하느님을 실망시키고 싶지 않도록 합니다. 성령이 우리 안에 주님을 향한 더 크고 완전한 사랑을 불러일으킬 때 우리는 자신의 행동을 다시 살펴보게 됩니다. 우리는 처벌이 무서워서가 아니라 창조주를 기쁘게 하고자 하는 영혼으로 성장합니다. 성령은 우리가 피상적인 것을 넘어 하느님과 진정한 관계로 나아가도록 돕기 위해 이 은사를 주십니다. 목표는 죄를 인정하는 것을 두려워하지 않고, 하느님께 상처를 드리고 싶지 않아서 죄를 피하는 것입니다. 어렸을 때 부모님이 단순히 화를 내실 때보다 실망하셨을 때 훨씬 더 내 기분이 나빴던 것을 기억하시나요? 우리의 미성숙함이 그것을 인정하게 했든 아니든, 우리는 우리를 가장 사랑하는 사람을 실망시키고 싶지 않습니다. 성령은 우리가 하느님을 향한 동일한 감수성을 개발하도록 도와줍니다.

# 그리고 과일 바구니!

성령이 주시는 은사를 받아들이면 더 많은 좋은 것들을 받을 수 있습니다. 성령의 열매는 기본적으로 우리 안에 하느님의 생명이 나타나도록 우리가 드러내는 행동들입니다. 어떤 의미에서는 은사를 동사로 만들어 우리 마음속에 주님을 사시게 할 때 주님께서 하실 수 있는 일을 모두가 볼 수 있도록 하는 것입니다. 「가톨릭 교회 교리서」는 "성령의 열매는 성령께서 영원한 영광의 첫 열매로서 우리 안에 이루어 놓으신 완덕이다."(1832항)

라고 설명합니다.

사랑, 기쁨, 평화, 인내, 호의, 선의, 관대함, 온유, 성실, 겸손, 절제, 정결이 이 바구니를 넘치도록 채웁니다. 하느님께서 우리 모두에게 베푸시는 영적 은사를 받아들일 때 성령께서 이루시는 놀라운 결과를 보게 됩니다. 이 열매들은 우리가 어떻게 일상을 살아야 하는지 방향을 제시해 줍니다. 이 열매들은 확실히 우리가 신앙을 실천하는 데 필요한 열쇠지만, 때로는 다소 위압적으로 느껴질 수도 있습니다.

이 열매들의 목록을 보고, 자신이 지닌 결점이나 현재 삶의 문제들로 인해 그 열매들의 특성을 잘 드러내 보일 수 없다고 생각할지도 모릅니다. 하지만 놀랍게도 지금 우리의 삶이 어떤 모습이든 상관없이 이 열매들은 우리 안에서 나타날 것입니다. 우리 자신의 힘이 아니라 성령의 능력으로 열매를 맺을 수 있습니다. 언뜻 보기에 어려워 보이는 몇 가지 열매를 살펴보겠습니다.

사랑(자선)과 관대함은 경제적 여유가 있는 사람만의 전유물이 아닙니다. 돈 한 푼 쓰지 않고도 자선과 관대함을 실천할 수 있는 여러 방법이 있습니다. 어떤 상황이나 누군가를 위해 기도하는 것은 이러한 열매를 맺는 아름다운 방법입니다. 미디어와 일상 대화에서 '생각과 기도'라는 약속을 너무 많이 사용해 이 행위의 진정한 가치가 과소평가될 수 있습니다. 우리가 진심으로 다른 사람을 위해 기도할 때, 그것은 이타적이고 의미 있는 행위입니다. 우리는 또한 크고 작은 방법으로 다른 사람들을 돕기 위해 시간을 할애함으로써 이 두 가지 열매를 맺을 수 있습니다. 예를 들어, 도움이 필요한 사람에게 음식을 제공하는 자원봉사를 하거나, 텃밭에서 기른 채소를 이웃과 나눌 수도 있습니다. 위기 센터에서 전화 상담 봉사를 할 수도 있고, 어려움을 겪고 있는 친구의 이야기에 귀를 기울여 줄 수도 있습니다. 우리가 자신을 내어 주고 다른 사람을 돕기 위해 무언가를 할 때마다 우리는 성령이 우리 안에서 일하시도록 하는 것입니다.

우리는 모두 가슴 아픈 비극을 겪고도 여전히 평온하거나 심지어 즐거워 보이는 사람들을 본 적이 있습니다. 저는 종종 이렇게 생각합니다. '이 사람은 왜 놀라지 않는 걸까? 어떻게 이렇게 고통스러운데 침착하고 심지어 감사할 수 있을까?' 기쁨은 삶의 일부인 행복과 슬픔을 생각하면 이해하기 어려울 수 있습니다. 성령의 열매인 기쁨은 상황에 따라 달라지지 않습니다. 이 과일 바구니*에 담긴 기쁨은 시련에도 불구하고 우리가 당신 안에 머물도록 도와주시는 하느님 도움의 결과입니다. 이 열매를 가진 사람들이 울거나 슬퍼할 때도 있을까요? 물론입니다! 그러나 슬픔이 그들의 영혼에 스며들어 하느님의 영이 그들 안에 살아 있지 않을 정도로 스며들지는 않습니다. 이들은 십자가와 일치하여 고통을 봉헌하고 하느님께서 이끌어 주실 것이라는 확신을 가지고 시련을 헤쳐 나가는 사람들입니다.

이 거룩한 사람들은 누구일까요? 바로 우리, 당신과 나입니다. 비록 우리가 아직 깨닫지 못했을지라도 우리가 크고 작은 시련에 직면할 때, 우리는 안에 있는 사랑이신 하느님의 영을 받아들이고, 비록 힘들고 아프더라도 하느님이 우리를 사랑하시고 그분의 계획이 완벽하다는 것을 확신할 수 있습니다. 그러면 우리는 시련과 상처를 하느님께 내어 드리고 그분 안에서 희망을 붙잡을 수 있습니다. 이 열매가 우리 안에서 나타날 때 우리는 최악의 상황에서도 모든 기쁨의 원천이신 하느님의 사랑으로부터 우리를 분리시킬 수 없다는 믿음을 갖게 됩니다.

잠시 시간을 내어 지난 24시간 동안의 일을

곰곰이 생각해 보십시오. 우리가 말하고 행한 모든 일을 되돌아봅니다. 쉽지 않지만 시도해 봅니다. 지난 하루의 생활에 이러한 열매들이 얼마나 많이 있었습니까? 이 열매들을 보여 줄 기회를 얼마나 많이 놓쳤습니까? 성령의 열매를 받았지만 그 열매를 삶에서 활용하지 않는다면 오래된 바나나처럼 쓸모없습니다(너무 익은 바나나로 바나나 빵을 만들 수 있지만 비유로 들어 주십시오!). 예수님은 우리의 열매가 사람들이 우리를 아는 방법이라고 말씀하셨습니다(마태 7,16 참조). 그래서 가톨릭 신자로서 우리는 이 열매들을 나눌 때 다른 사람들에게 주님을 소개합니다. 앞으로 며칠 동안 친절, 온유, 평화, 그리고 다른 성령의 열매들을 나타낼 기회를 인식하려고 노력해 보십시오.

---

* "성령의 열매는 사랑, 기쁨, 평화, 인내, 호의, 선의, 성실, 온유, 절제입니다." (갈라 5,22-23)

충분히 쉬운

이제 이런 생각이 들 수 있습니다. '이렇게 쉬운데 우리는 왜 모두 성령과 대화하고 성령이 우리를 채우시게 하고 우리에게 원하시는 모든 일에 협력하지 않을까? 그렇게 하면 우리 모두 하느님의 뜻을 살아가게 되고 모든 일이 잘 될 텐데.' 글쎄요, 믿기 힘든 진실은 우리가 그렇게 하고 싶지 않다는 것입니다. 때때로 성령은 우리가 원하지 않는 곳으로, 우리가 가고 싶지 않은 곳으로 우리를 인도합니다. 우리는 원죄로 인해 이기적이고 교만한 경향이 있습니다. 우리는 자신에게 무엇이 필요하고 자기가 무엇을 원하는지 확실히 안다고 생각하기 때문에 하느님께 자신의 의지를 완전히 맡기지 못합니다. 그래서 하느님의 뜻이 항상 우리의 계획과 일치하지는 않는다는 것을 알게 될 때 성령의 이끄심에 따라 하느님의 계획에 동의하기는 어렵습니다. 성령은 내가 마땅히 누려야 할 토요일 오후의 게으름을 포기하고 무료 급식소로 가도록 이끌 수도 있습니다. 또 성령은 가족 구성원을 더 늘리라고 이끄실 수도 있지만 나는 더 이상의 자녀를 감당할 수 없다고 생각할 수 있습니다. 성령은 특정 직업으로 나를 이끄실 수도 있지만 나는 인생의 이 시점에 학교로 돌아가고 싶지 않을 수 있습니다.

우리 인간의 의지가 하느님의 계획과 충돌하는 경우가 참으로 많습니다. 우리의 계획은 자기 이익을 위한 것이어서 일시적인 기쁨을 가져다주지만 진정한 기쁨은 아닙니다. 우리의 계획은 원하는 모든 것을 가지려고 하지만, 우리가 죽을 때 그 모든 것은 더 이상 중요하지 않게 됩니다. 게다가 성령은 종종 우리를 있어야 할 곳으로 이끄시지만 그 이유를 말씀해 주시지는 않으십니다. 우리는 최종 목표를 볼 수 없기에 신뢰하는 데 어려움을 겪고, 우리 자신이 더 잘 안다고 생각하거나 하느님의 부르심을 무시해 버립니다. 성령의 이끄심을 맹목적으로 따를 만큼 하느님을 신뢰하는 것이 매우 어렵기에, 우리는 자주 실패합니다. 하지만 우리는 계속 시도하며 장애물을 극복하기 위해 성령의 도움을 요청해야 합니다.

성령의 이끄심에 따라 하느님께서 원하시는 방향으로 나아가는 것이 궁극적으로 기쁨과 구원을 가져다준다는 사실을 기억하십시오. 이것이 순명이 자유를 가져다준다는 가톨릭의 어렵지만 역설적 개념입니다. 하느님의 계획은 우리가 원하는 세상의 모든 것을 주지 않으실 수도 있고, 항상 쉽지는 않겠지만, 주님의 뜻을 행하는 것이야말로 진정으로 인간적인 성취와 영원한 보상을 얻는 길입니다. 하느님의 계획을 따른다고 해서 힘들지 않으리라고 기대할 수는 없습니다. 하지만 성령은 우리를 어디론가 이끄시고 우리를 버려 두지는 않으십니다. 성령은 우리와 모든 걸음을 함께하십니다.

오소서, 성령이여!

이제 성령이 누구이며 우리 삶에서 성령의 역할이 무엇인지 더 잘 알게 되었습니다. 또한 하느님의 영과 관계를 맺을 때 받게 될 성령의 은사와 열매에 대해서도 알게 되었습니다. 어느 날은 온 마음을 다해 헌신할 수 있지만 다음 날은 실패할 수도 있다는 사실을 명심하십시오. 어떤 때는 성령 안에서 잘 살아 행동으로 하느님께 영광을 드릴 수 있고, 어떤 때는 몹시 부족할 수 있습니다. 괜찮습니다. 우리는 현재 성장하는 과정에 있기 때문입니다. 중요한 것은 다시 시도하는 것입니다. 또한 성령만이 우리를 이끄시는 유일한 분이 아니라는 사실을 기억하는 것도 중요합니다.

불행하게도 사탄 또한 주님께서 우리 안에서 이루고자 하시는 일을 보고 있으며, 잘못된 방향으로 이끄는 신호로 우리를 혼란스럽게 하려고 시도할 것입니다. 기도를 통해 신중하게 식별하면 그 차이를 알 수 있습니다. 성체 조배 시간에 예수님과 함께 조용히 앉아 시간을 보냅니다. 하느님의 뜻을 헤아릴 수 있도록 통찰의 은사를 청하는 기도를 합니다. 실수를 했다고 해서 모든 것을 포기하는 유혹에 굴복하지 마십시오. 계속해서 성령과 대화하고 성령이 인도하신다고 믿는 길로 한 걸음씩 나아가십시오. 우리가 잘못된 길을 가고 있다면 성령은 부드럽게 방향을 바꾸어 주실 것입니다.

마지막으로, 하느님의 영 안에서 삶을 사는 목

적은 분명히 천국에 가는 것입니다. 하지만 성령은 우리 혼자만 천국에 가기를 바라지 않으신다는 것을 기억해야 합니다. 우리의 궁극적인 목표는 성령께서 우리 마음을 불타오르게 하여 모든 사람이 우리 안에 있는 그리스도의 빛을 보고 그들도 그 빛을 따르고 싶어 하도록 하는 것입니다. 우리 자신을 천국을 향한 등대라고 생각해야 합니다. 일상생활에서 성령의 열매를 드러내면 실제로 다른 사람들을 삼위일체이신 하느님과의 관계로 이끌 수 있습니다. 이 모든 것은 단순히 "오소서, 성령이여!"라고 말하며 시작됩니다.

저자 소개

미셸 존스 슈뢰더 Michelle Jones Schroeder는 루이지애나주 바톤 루즈에 살고 있습니다. 21년째 남편과 함께 유쾌한 두 자녀를 키우며 지치면서도 즐겁게 지내고 있습니다. 루이지애나주립 대학교를 졸업한 후 그녀는 첫 직장 생활을 마케팅 및 관리 분야에서 보냈습니다. 아이들과 함께 집에서 몇 년을 보낸 후, 요리 실력이 부족해 주방 제품을 발명하고 소규모 사업을 시작하게 되었습니다. 그녀는 피에트렐치나의 성 비오와 1980년대 음악에 약간 집착하고 있으며 바톤 루즈에 있는 성모 자애 본당에서 신앙생활을 하고 있습니다. 여가 시간은 없지만, 있다면 낮잠을 즐기고 싶다고 합니다.